창조문학 대표 시인선 • 216

따 · 뜻 · 한 · 기 · 억

김 샘 나 시집

창 조 문 학 사

□ 시인의 말

그녀가 꽃차 타고 떠나신 후
오래도록 겨울이었다.
온통 겨울 뿐이었다.
만상이 깨어나는 새 봄
그녀가 떠나셨던 계절에
오래도록 만지작거리며
놓지 못했던 그녀를 보내 드리며
이 시집을 바친다.

2013년 봄빛 따사로운 날
김 샘 나

김샘나 시집

| 차 례 |

제 1부 / 꽃밭에서

제 2부 / 비밀

제 3부 / 말이 때릴 때

제 4부 / 난꽃으로 말하다

제 5부 / 넘어짐에 대하여

제 1부

꽃밭에서

마른 막대기

연못 수면 위
마른 막대기 하나 외다리로 서서
종일 물살 위로 둥글게
훌라후프를 돌린다

막대기 머리통에
잠자리 한마리 눈알을 굴리며
한참을 죽은듯 앉았다 떠난자리
물총새 한마리 꽁지를 털며
푸념을 늘어 놓는다

늘어지게 낮잠을 자다가
얄밉게 하소연만 훽 쏟아 붓고
떠나는 수다꾼들

남의 무거운 고민만 가만가만 업어주다가
삐뚜럼하게 기울어진 어깨
주저앉은 어깨가 너그럽다

대나무

고개를 돌리고 싶었습니다
손짓도 하고 싶고
뒤를 돌아보고도 싶었습니다

약속의 땅 움켜쥐고 위로위로
하늘 향해 뻗었습니다

비온 뒤엔 욕망이 뿔처럼
불쑥불쑥 솟아 났습니다

돋아나는 보고픔이
마디마디 슬픔으로 자라나
가슴을 비우고 또 비웠습니다

바람이 지나가면 텅빈 속내가
수절하기엔 너무나 푸르러
서걱서걱 서럽게 울었습니다

메기

그는 연못의 폭군이다

항아리만한 입으로 화를
벌름거리며
분을 뱉었다가 토했다가
뻘밭이 난장판이다

어쩌다 피라미들이 콧털이라도
건드릴 때는 초긴장 공포 분위기다

제 기분대로 뿌옇게 구정거린
상처의 앙금이 부시럭 대자
물풀들도 바들바들 낮은 자세로 엎드린다

천둥 비바람이 몰아치면
뻘탕속에 쏙 자신을 숨기는
비겁한 폭군이다

마지막 잎새

악세사리로 매달렸던
수식어 다 버리고
생의 엉터리 분배공식
항의시위도 버리고
마음속 잡동사니 다 버리고
외나무 다리에 매달렸다
송진같이 진한 피멍자국
들추지 말자 다짐하며
거꾸로 매달린 베드로 심장 하나
달랑 남겨 놓았다

민 달팽이

산성비에 망가진 집
거추장스러워 벗어 던졌다

꼬불꼬불 꼬인 길
숨통 조이는 삶이 버거워
벗어 던졌다

끈끈한 땀방울 뚝뚝 흘리며
맨몸으로 따가운 언덕길 기어오른다

집 없이도
맨몸으로 살 수 있다고
안테나를 바짝 세우고 기어오른다

고목1

무성했던 머리칼
포마드로 빗어넘긴 윤기나던 머릿결
뭇시선을 받으며
폼 나게 당당했던 날들도 있었노라고
몇 번을 중얼 거린다
듬성듬성한 머리숲 사이로
추운 바람이 숭숭 드나든다
텁텁 갈라진 혈관마다
찌든땀이 흐른다
누군가 무자비하게 새겨 놓은
" 자기야 영원히 ♡해 "
가슴에 자리잡은 문신이
욱신욱신 살갗을 파고든다
거무튀튀하게 소진한 얼굴
오래전 떠나버린 사랑이
언젠가 한번은 기적처럼 돌아오리라
기다려 본다

거미집

줄을 팽팽히 당긴다
허공에다 길을 낸다
휘청 내려앉았다가
투욱 떨어졌다가
다시 올라 앉았다가
추락과 기어오름의 반복
외줄타기로만 지은 집
비단실 보다 더 보드랍게
끊길 듯 끊기지 않는
하늘에다 엮은 집

능소화

스스로 일어서 본 적이 없어
오직 팔뚝 하나에 기대어
지탱해온 생애

한곳을 향해서만 기어 올랐어
늘 충전되지 못해 터널 뚫린 가슴
한 눈 팔지 말라고 칭칭 감은 손

누구의 발등인지
누구의 가슴인지도 모르게
살을 조이며 파고드는
집착으로 움켜쥔 손

이제는 돌아설 수도 없이
굳어진 등허리에
붉은 입술이 뎅그랑 뎅그랑
꽃등으로 매달렸다

패랭이꽃 언덕

이제는 기억 속에도 없는 줄 알았는데
스무살의 순수가 걸어 나온다
패랭이꽃 언덕
물안개에 젖은
"팔베개, 소낙비, 거목"
음악 창고의 간판들이
또박또박 걸어 나온다
토끼풀꽃 반지가 토해내는
향긋한 그리움 한가닥
키 자라지 못하게
고개 들지 못하게
가위표를 꾹꾹 눌러 놓는다
오늘도
우연히 지나치는 길
잃어버린 네가 뛰쳐 나온다

기대기

뒷산 소나무 한그루
날이 갈수록 기울고 있다

푸르게
푸르게
바람 앞에서도
곧게 세웠던 허리
접질려 기울고 있다

너덜너덜 삭은 몸
손을 대면
부스스 비늘이 떨어진다

나이가 차면 찰수록
몸이 헐거워질수록
기댈 어깨가 필요했던 것일까

거리를 좁히고
옆어깨에 기댄채
인기척에도 아랑곳없이
삐거덕
늙은 바이올린을 켜고 있다

파도

바다는 주름살 투성이다
끝없는 주름을
인절미 자르듯
뎅겅뎅겅
주름살 자르기 선수다
잘라도 잘라도
끝이 없는 주름살
깊은 주름 얕은 주름
모조리 자른다
성형수술 선수다

겨울 장미

입동도 지난 초겨울 담장밑
장미꽃이 바람에 안겨 호들갑이다
메추리알 같은 꽃봉우리도 몇 개나
달고서 호객행위를 한다

늦깎이는 언제나 감동이요 갈채의 대상인데
추레한 모양새도
웃음에도
향기가 없다

나이는
나이답게
이제사
때에 맞는 언어가 되고저
풀어 헤쳤던 헤픈 웃음이
솟았다가 가라 앉는다
허황된 꽃신을 벗는다

꽃밭에서

온 몸에 꽃가루 범벅 벌 한마리
꽃술속에 빠져있다
꽃대궁이 꼬물꼬물
파동이 인다
콕콕콕 두드려보고
더듬어보고
꽃술속이 제집인 양
모로 누웠다 바로 누웠다
들썩댄다
흔들흔들 꽃의 무등을 타고
흔들의자를 타고
꽃술에 만취한 채
비틀비틀 풀려나긴 틀린 듯하다

폭설, 진관사길

핸들을 똑바로 붙들어도
바퀴는 게걸음이다

화관을 쓴 고목이
층층시하에 휘어진 내 할머니의
허리로 기울었다

결빙을 다짐하는 골짜기
실개천도 입을 닫았고
허공을 찍어 나르던 새들도 입을 닫았다

아무도 찍지 않는 눈벌
반성문 하나가 시린 무릎으로 꿇어 앉는다.

콩돌해변

콩만한 알갱이
수천만개의 음정들이 일제히
튀어 오른다
좌르르 빠져 나갔다가
수만개의 피아노 건반이
두들겨대는 소리들의 합창

파도가 밀어 닥칠때 마다
몸을 깎아서 빚어낸 함성들이
물살을 뛰어 넘는다

와르르
까무러치며 혼절을 한다

주저앉고 싶었던 마음
넘을 수 없는 고비라고
포기 했던 마음
또 다시 일으켜 뛰어 넘는다

천년 은행나무

늦가을 용문사에 가면
무수한 젖꼭지들이
우박처럼 떨어진다

그의 곁에는
수유기의 비릿한 젖냄새가
팅팅 불어 진동한다

천년을 사랑해도
질펀하게 뜨겁게
그들의 사랑은 왕성하다

천년을 뿌리내린 사랑
여전히 물기 탱탱한 팔다리에
노랗게 익은 노래가
낭창거린다

야생화

위태롭게 아슬아슬 흔들린다
쓰러질듯 휘어지다가
작은 체구 등뼈를 세운다
마음 한자락 기울어질듯 말듯
아무데나 촐랑이지 않는다
진하디 진한 외로움은
긴 속눈썹에 향기로 매달아 놓고
피멍은 시가 되어 흩날린다
간들간들 옆구리로 희망의 글씨를 쓴다

제 2부
비밀

비밀

외할배 출타 하시는 날
아무도 몰래
마당에 거닐던 암탉
닭털 뽑아
할머니 애간장처럼
푹푹 삭도록 끓였다가
"내 강아지" 입에
뜯어 넣어 주시던 할머니
수십년 지나간 기억이
닭뼈에 걸려 아파오네

동병상련

할머니 극진한 밥상으로
배부르던 누렁이
영정 속의 얼굴 바라보다
이내 기죽은 표정
철퍼덕 턱을 괴고 누웠다
마당에서 낑낑
울음 삼키는 강아지나
방바닥에 구겨져
설움 삼키는 강아지나
슬픔도 하나
강아지란 이름도 하나
가슴 터질 듯 그리움도 하나
마당에서
방에서
흥건히 하나로 젖고 있다

고목2

다쳐서 상처난 마음에
처방전 조차 없는 날
맥없이 그의 곁에 앉는다

그의 겨드랑이에서 훈풍이 불어 와
내 목덜미를 쓸어 준다

속이 시커멓게 썩어 문들어진
그의 속내가 텅텅 비어 있다

먼저 간 자식을 묻고
좌절의 풍상에 젖고
사막 같이 턱턱 갈라지는
갈증을 견뎠던
그의 이야기를 듣는다

혼신을 다한 그의 깡마른
팔다리에 나풀나풀
맑은 하늘을 얹고
새들의 궁전을 얹고
넉넉한 합죽 웃음을 웃는다

주저앉았던 내가 다시 일어 선다

씨앗1

봄이 되면 심으시려
봉숭아, 사루비아 꽃씨
봉투 마다 이름표 달아 놓고
꼬깃꼬깃 남겨 두신 꽃씨

봄은 또박또박 오셨는데
할머니 먼나라 이사 가시고 안계시네

씨앗2

아집의 껍질 벗고
죽어야만 꽃이 되는 꽃씨
흙 속에 묻혀야만
꽃이 되는 꽃씨

씨앗이 썩어야
꽃이 되고
열매가 되는 꽃밭

올해는 꽃밭이 될 수 없는
빈 꽃밭만이 휑하게 울먹이네

덫

외가집 뒤란을
어지럽힌 쥐
처단하려 놓아 둔 찍찍이 덫

잡으려는 범인은
오리무중

누군가 벗어던진
양말짝이 대신
잡혀 있네

무단침입 절도범은
빠져 나가고
죄 없는 양말짝만
납작 엎드려
생과 사 뒤바뀐채
꼼짝없이 붙들려 있네

환생

할머니 이별식 끝내고
돌아온 집
척박한 마사토에
떨어져 자리 잡은
선인장 씨앗 하나
제 밥그릇
제 집도 없이
더부살이 하던
쬐끄만 키의 고것이
느닷없이
빨간 꽃을 물고 있다
할머니가 웃으시네
꽃으로 앉아 웃으시네

빈 의자

텃밭 길목에 앉아
7남매 곁가지들
종일 기다리다 바람 숭숭 뚫린
할머니 의자

한길 가에 침침한 눈
고정 시키고
쏟아지는 햇살의 문신
달무늬로 저물 때까지
기다림에 옹이진
할머니 의자

이제는 돌아오지 않는
주인을 기다리다
두 다리 절뚝이며
망부석으로 앉아 있네

주남 저수지1

속주머니에 담고 다니던
고향을 9시뉴스에서 만났다
얼음처럼 매끄러운 수면 위에
겨울빛 석양이 몸을 담그고 있었다
몸통만 남은 겨울나무
선이 굵은 제 모습을
물속에다 그려 넣고 있었다
잔주름 하나 없이 다림질된
물 능선 따라
내 유년의 별빛들이 달빛을
껴입고 미끄러지고 있었다
고향은 밤새 수중발레로
반짝이고 있었다

주남 저수지2

맑은 하늘이 물고기 비늘에
꽂히고 있다

물고기가 포물선을 그리며
줄넘기를 할 때 마다
반짝이며 악수를 건네는 하늘

바람도 물풀 옆구리를
슬쩍슬쩍 곁눈질 하며
맨발로 뛰어 다닌다
내 유년의 꽃신도 첨벙첨벙 뛰어 다닌다

온몸이 바짝 달아오른 햇살이
수초 사이로 비집고 들어와
붉은 속살을 만지작대며
휘어지게 끌어 안는다

누가 두들겨 주지 않아도
멈추지 않는 건반 악기가
퐁퐁퐁 물수제비를 뜬다
뽀글뽀글 트림을 하며 발성 연습중이다

주남 저수지3

경칩의 주남 저수지에는
개구리는 없고
거무스레 늙은 파도가 팔딱이며
맞아 주었다

어릴적 순하고 감미로웠던
여린 물주름

햇살과 하루 종일
눈이 맞아 반짝일 때는
영롱한 금싸라기들이 튀어 올랐다

별똥별이 뛰어 내리고
반딧불이 꽁지에 불을 밝히는
저녁강에

하루의 노동을 마친 햇살이
붉은 얼굴로 하산을 하면
저도 덩달아 발갛게 수면을 밝히며
배웅하던 강물

그때

물의 마음은 투명 했었다
소금쟁이, 물방개, 물풀들의 율동이
훤히 들여다 보이도록
맑고 싱싱 했었다

이제 더는 속을 보여 주지 않는 물의 마음
사람들이 버린 양심에
닫아 버린 마음

검게 거을린 피부
몰라보도록 초췌한 얼굴이었다

섬

강물에 골반을 담그고
수십년 앉아있다
아픈 속내 감추고
그 자리에만 앉아있다
바람기 잔뜩 묻은 바람
느끼한 손길로
옆구리를 흔들어도
엉덩이를 토닥여도
눈길도 꿈쩍않고
앉은뱅이가 되었다
반신욕만 즐기면서
앉은뱅이가 되었다

갈대

바람에 휘청 거리다
몸속까지 바람 들었다

잃어버린 꽃반지
푸른 사랑
알토란같은 그의 아들

몸이 삭도록 두리번두리번
선채로
대문 밖만 기우뚱 거렸다

훅 불기만 해도
풀풀 흩어져 내리던 마음자락
늘 허허로웠던 속내

이제는 풍맞아
폭삭 구겨진 철모르는 울아부지

아부지

푸른시절 남자는 늘
밤이슬에 젖어 있었다
각기 다른 꽃을 찾아
허기진 바람을 채우려
꽃술 속에 늘 빠져 있었다
그런 남자가 주사기에
목숨줄 꽂고 있다
평생 천리향, 만리향
바깥으로 돌다 쭈글스레
낡아 빠진 몸통
이제야 온전히 제 것이 된 장작개비
싫은 내색 없이 한 여자가 주무른다
독한 악취를 주무른다
리모델링도 불가능한 과거를
소변통 거품으로 잴여둔다

제 3부

말이 때릴 때

못자국

누군가 내 가슴에
박아 놓은 크고 작은 못들이 빼곡하다

그 중에는 이중삼중으로
촘촘하게 박혀 잘 빠지지
않는 것도 있다

남이 박아 놓은 못들은 선명한데
내가 남에게 박은 못은 보이지 않는다

내 탓은 보이지 않고
네 탓만 보이는 이기의 눈에서
비늘 한겹 벗겨낸다
울창한 운무 속에서
내가 박은 못들이 빼곡히 모습을 드러낸다

말이 때릴 때

앞만 보고 가만히 서 있는데도
느닷없이
어이없이
들이 받는 게 있다면

내 진실을 향해
왜곡된 언어들이
가슴을 후벼 팔 때가 있다면

그로 인해
돌처럼 단단한 허탈이
에워쌀 때가 있다면

억울함이 난타를 치고
불면이 번쩍번쩍 일어나 앉을 때가 있다면

철저하게 무시하고 무관심 해버려라

생각하지 말 것
따지지 말 것
바로 잡으려 말 것
맞서지 말 것

섭섭해 하지 말 것

괴상하게 굴러 다니던 말 같지 않은 말도
제풀에 꺾여
잠잠히 주저앉게 되리니

눈칫밥

화분 한켠 바랭이 풀잎
더부살이 눈칫밥 먹느라
다리 뻗지 못하고
비쩍 마른 몸 떨고 있다

버짐 핀 얼굴
하루도
마음 편한 날 없었다

물 한모금 감지덕지
햇살 한모금 감지덕지

주인이 될 수 없는
이인자의 슬픔이
울컥울컥 가슴 적셔도
뽑혀 나가기는 두려워

기도 하듯
파리하게 모은 손끝에
어설프게 씨앗 하나 매달았다

흠집

마루가 아우성이다
언제 찍혔는지도 모를 상처들이
반란을 일으켰다
저 하고만 눈 맞추라고 내던진
몸짓 큰 사랑 싸움이 식식대며
아직 덜 깬 투정으로 아우성이다
누렇게 매달린 진물이 바닥에
벌러덩 드러누우며 아우성이다
올록볼록 무수한 게구멍들이
부풀어 오르며 아우성이다
가슴에 아물지 않은 마른 피가
닥지닥지 덩달아 아우성이다
박피 수술을 해야겠다

오이지

소금물 세례다
컴컴한 용광로에 온 몸이 잠긴다
빳빳했던
고집이 죽고
탐욕이 죽는다
몸 속 가득했던 욕심찌꺼기가
땀구멍 하나하나 빠져나간다
아집의 아랫배가 홀쭉하다

영원은 없다

자다 깬 TV속에
젊은 가수가 노래를 부른다
"나의 사랑은 영원하고
영원히 널 지켜 주리라"
확신에 찬 목소리로 목젖이 반짝인다
세상에 영원한 것이 어디 있으랴
세상에 변질 안되는 것이 어디 있으랴
벙글어진 꽃잎 빛나던 사랑도
흐물흐물
지친 꽃잎 떨구듯 떨어지고 말것을
아이야,
부디 착각 말거래이

일탈

아카시아 향기가
설금설금 마을로 내려왔다

몇날 몇밤을
대롱대롱 매달려
일탈을 꿈꾸다가
제 집인 산을 버리고 내려와
흥건한 유혹을 뿌린다

크림빛 망사 옷자락을
여왕처럼 땅에 끌며
뽀얀 속살 보일락 말락

골목골목을
돌고돌아
은은한 유혹을 뿌린다
은비늘을 뿌린다

서오릉

어스럼 저녁 안개가
서오릉에 멍석을 깐다

지독한 고요속
숙종임금님 인현왕후께서 침수에 드신다

사는일 조여오던 목메임을
봉분에 풀어놓고
실타래로 쟁여둔 울음
임금님이 토닥토닥 재우신다

희빈 장씨의 아양 따윈 거짓이었노라
토닥토닥 눈물을 말리신다

등굽은 내시 소나무와 상궁도
어깨를 기댄채 꾸벅꾸벅 침전을 지키신다

진실만이 마음을 붙들 수 있다고
꾸벅꾸벅 장군 비석도 미소가 번지신다

세탁

씻겨내고 돌아서면
또 다시
켜켜로 쌓이는 찌든 때
좀처럼 자수할 줄 모른다

엎어지고
자빠지고
얼얼하게 쥐어 짜여야
투명해지는 영혼

후줄근 맞고 나서야
때국물이 빠진다
올올이 찌든 죄악이 빠진다

새해에는

마음에도 지퍼 하나 달아야겠다

살을 에이는 쓸쓸함도
뼈 속을 드나드는 세찬 바람도
단단히 잠글 지퍼 하나 달아야겠다

가슴을 후벼 파는 통증
핏물 고이는 그리움은 그리워하지 않게
선악과의 손짓 눈 하나 꿈쩍않게

마음을 할켜 놓는 애착과
번민에 휘둘리지 않을
든든한 지퍼 하나 달아야겠다

백구의 고백

주인인 당신도
홀아비
365일 단단히 묶여 있는
나도 홀아비
당신은 수절을 집어 던지고
미스 김과 봄바람을 타고
신바람을 타고 달렸지요
코끝을 간질이며 돋아나는 설레임
바짝 잘라내어
아파도
아프다 소리 한번
툭 터놓지 못하는
눌러둔 벌건 내 목구멍
당신에게도 탱탱 부푼 설레임이 있다는 것
내게도 활활 타는 꿈이 있다는 것
달아오른 내 열정에
개끈 따위로 묶어 두려 마시오

보름달

터질듯 팽팽하게
제 몸을 부풀리며 빛을 쏟아 붓는다

풍만한 가슴 훤히 드러내고
길 찾아 헤매지 말라고
겹겹구름 쓸고 닦아 환히 비춰준다

날마다 변신의 꿈 산란하며
계수나무 한그루
울창하게 키운다

미사포에 가린 얼굴 엷은 미소 띠우며
흔들의자에 삐걱삐걱 여유를 즐기며
지상을 향해
둥글게 살아라 일러준다

병실에서

이제 더 찌를 곳이 없이
퉁퉁 부은 손
풍선처럼 부풀어 오른 남자의 얼굴
소태맛보다 더 쓴 호흡을
꺼억꺽 삼켜댄다
하루살이가 간질거려도
쫓을 줄 모르는 손
곧 부러질 숨소리
꺾어질 인연의 벽을
그 여자는 모르고 있었다
육신을 벗으려는
버거운 남자의 숨결을 억지로
억지로
움켜 쥐고 있었다

말

그는 힘이 세다
그가 튀겨 놓은 펀치에
얼얼하게 자빠졌다
사나흘씩 앓아 눕는다
회오리로 굴러와 때리는
펀치 한방이
나를 절망하게 하고
미치게 한다

그럼에도 속정의 밧줄에
질질 끌려
나는 또 다시
소금쟁이로 뱅뱅
원점에서 뱅뱅

문자 얼굴

핸드폰 문자 속에는
표정이 있다
각양각색의 표정들이
주렁주렁 얼굴을 내민다
때로는 열정의 무늬를 입고
때로는 무성의한 겉옷을 입고
마음을 쥐었다 폈다
시소를 탄다
풍선처럼 부풀어 올랐다가
금세
칭얼거림이 있고
해맑은 웃음이 있고
뚝뚝 눈물도 있다
핸드폰 속에는
변화무쌍한 얼굴이 있다

미모사

밤에도
낮에도 열지 못하는
빗장을 걸고 살았습니다

무너진 담장 밑에서
처연한 속울음
저녁 연기로 피어 오를까
휑한 옆구리 따윈 첩첩겹겹 여몄습니다

황폐한 땅에
혹시 상처의 자투리
돋아날까 바람소리에도
몸짓 돌돌말아 달팽이집에 넣었습니다

방황의 날개로 떠돌지 않게
이제는 닫아 걸었던 빗장
기다림으로 열겠습니다

제 4부

난꽃으로 말하다

멍멍이의 명복을 빌며

친척이 보내온 보약 한재
그 속에 숫총각인 네가
웅크리고 있은 줄 깜쪽 같이 몰랐었어
밤마다 꿈속을 이어지는
강아지의 행렬
의문의 행렬
그 보약이 내 몸 속에
남김없이 흡수된 다음에야
강아지 출몰의 까닭을
알고야 말았어

낮잠

세상과 단절된 시간
미농지 보다 더 얇은 무의식속으로
깜빡깜빡 헤매는 동안
시끌벅쩍했던 글자들이
내 머리속에서 모조리
빠져 나가고 있었다
누군가 내 머리속 상처투성이
글자들을 삭제로 클릭해 놓았는가
내가 나여서 서럽다가
모래시계처럼 주루룩
다 빠져나가버린 내가,
내가 아니어서 서럽다
흩어진 모래알 긁어 모으듯
두 팔을 뻗어 남김없이 빠져나간
나를 긁어 모은다 허겁지겁

건강검진

내 속에 붉은 꽃
몇 송이 피었다고 하네
흔들리지 않고
아프지 않고
피는 꽃 없다더니
그 꽃 피느라
뜨끔뜨끔 쓰라렸나 보다
들키고 싶지 않은 설움
저 먼저 알고
깊이깊이 숨어서 핀 꽃
질 때는 아프지 않고
요란스럽지 않게
소리 소문 없이
슬그머니 져주기를 토닥여본다

가스렌지

혓바닥 낼름낼름 춤을 춘다
냄비의 엉덩이는 뜨겁다
도무지 귀엽지 않은 큰덩치도
간질이며 놀아 준다
닿기만 하면 낼름낼름
열정의 혓바닥
찰떡궁합이다

갈릴리 남자

바람이 난동을 부리고 떠난 자리
절망이 미끄러지고 있었다
도둑맞아 흩어진 약속
무너지고
무너지고
또 무너져서
더는 무너질 언덕이 없을 때
당신이 내 앞에 서 있었다
붉은 피 선명한 옷자락이 뿌옇게
흐리고 있었다
슬픔의 무게로 일어설 수가 없을 때
빛부신 당신이 서 있었다

군인 트럭

짐짝 같이 실려 간다
시골집에 걸려 있던
시래기 가닥처럼 엮여서
사정없이 흔들린다
두고 온 사랑도 흔들리고
고향 하늘도 흔들리고
부모 얼굴도 흔들리고
속수무책 흔들림 앞에
아들 얼굴 찾다가
심장이 쪼그라든다
연기를 매단 흔들림이
사라질 때 까지
오랫동안 나도 흔들린다

힘 겨루기

생강꽃이 매달린 자리
느닷없이 눈꽃이 매달린다
봄과 겨울이 함께 열렸다
얼음손이 슥슥 문지르자
꽃들이 무더기로 엉덩방아를 찧는다
맥없이 제자리를 내준 좌절이
꾸물꾸물 다시 일어선다
꼬물꼬물 푸른눈을 뜬다
겨울과 봄의 힘겨루기다

하회탈

안동에 가야만 하회탈을
만날 수 있는 것이 아니다
옆집 할매
서른둘에 외기러기
꼬물꼬물 유일한
꼬막손 하나 붙들고
위태위태
길 없는 길 헤치며
걸어온 길
그의 해맞이꽃 조차
외짝신발 신었다
굴곡으로 베베꼬인
화가 날 법도 한
그의 길
피멍이 들 때 마다
포기하고
수긍하고
초월하고
절망의 바닥 조차
가만가만 다독여 가며
입꼬리와 눈꼬리에 무지개를 피우며
하회탈이 되었다

뽀뽀에 휘말리다

엉덩이에 빨간통을 매단
오토바이 하나가 툭 떨어졌다
후들후들 운전석이 열리고
앳된 얼굴에 속살이 시커먼
굴뚝새들이 떼 지어 몰려왔다
헛기침에 순수가 고장난
굴뚝새들은 부리로 마구 찍어댔다
캄캄한 아스팔트가
내 발목을 꼼짝없이 붙들고 늘어졌다
옆구리를 찍어야 정상인데 이마를 친 것은
의도적인 억지라고 입이 오그라져 반격 한번 못했다
거친 언어 몇 구절이 쑥대밭 심장을
쿡쿡 치며 무단횡단을 해댔다
삭지 않는 분노가 성질난 개울물로
퉁퉁 부어올랐다
그들이 튀겨 놓은 시커먼 침들이
새똥으로 다닥다닥 부어올랐다

전화기

최근 내 전화기는
아무 말을 않는다
폐경된 여인의 자궁같다
고요하다
아니, 죽어 있다

낭랑한 목소리
혐오스런 늑대 소리조차
들려오지 않는다

금고리로 멋을 내고
진주핀을 꽂아도
입 꼭 다문채 누워서
여엉 일어날 줄 모른다

중환자실에서

명주실 한가닥이
가파르게 넘어간다
해 안에 당도할지
한 밤에 당도할지 모르는 길

가느린 실 한가닥
끊길 듯
이어질듯

다 써버린 폐건전지처럼
다시 한번 이어질듯

진주

아파야만 빛어질 수
있다니요

수백번
수천번 짜디짠
눈물에 젖어야만 빛어질 수 있다니요

가슴에 커다란 옹이 하나
온전히 품어야만 빛어질 수 있다니요

울컥울컥 치미는 슬픔도
꿀꺽꿀꺽 삼켜야만 빛어질 수 있다니요

사금파리로 파고드는 상채기
토해내고 싶어도
운명이라 체념하면 빛어질 수 있다니요

오늘 비로소 눈물골짜기 지나
보름달만한 당신을 빛었네요

전지 작업

눌러도 눌러도
잘라도 잘라도
자꾸만 돋아나는 것이
자존심도 없이 피어나는 것이
한동안 잠잠하다가도
슬그머니 고개 드는 것이
그 이름 설움 꽃
오늘은 마음먹고
밑동부터 자른다

오진(誤診)

사람은 나이에 맞게 살아야
되는 법
강산이 두 번
거꾸로 변한 시간
의사가 겁을 준다
늘어진 고무줄처럼
느슨해야 정상인데
봉긋해서 탈이라네
이리 돌리고
저리 돌리고
차디찬 기계가 오래도록
쓰다듬을 때 와당탕 추락하는 소리가 들렸다
눈앞에 번개도 지나갔다
몇날 몇밤을 빨간 토끼눈
오들거렸다
하마터면 자랑스런 봉긋함이
달아날 뻔 했었다

이명(耳鳴)

귀 속에서 쓰르라미 운다
쓰르르 쓰르르 쓸쓸
어쩌자고 사시사철
귀 속에다 둥지를 틀었을까
여름 숲속 제집인양
쓰르르 쓸쓸
무도회가 열렸다
허약해질수록 삶이 버거울수록
거칠어지는 점령군의 합창

이별

몸살 난 마음을 묶어 둘
말뚝 하나를 고르고 골랐다
든든하리라 기댔더니 난간 이었다
아니
갈대 지팡이었다
걸레처럼 쥐어 짜인
아우성이 쓰러진다
쓴 냄새 풀풀 나는
낡은 필름 몇 장도 쓰러진다
냉큼 일어설 수 없이
후들 거리는 언어들이
꾀죄죄 너덜 거린다
겨울 꽃밭이 되어 너덜 거린다

난꽃으로 말하다

그녀가 세상을 버리기 전
지푸라기처럼 깡마른 손으로
건넨 시들한 난 화분

심청이 젖 얻어 먹이듯
햇살의 방향 따라
이리저리
햇살을 떠 먹이며
물을 떠 먹이며
살갗 긁히지 않게
햇살 과하지 않게
물에 체하지 않게

그녀를 보듬듯
빛과 바람을
동냥했다

비실하던 잎새
자존심 강한 그녀가
허리 꼿꼿이 세우고
별꽃으로 피었다

낙심

머리가 아파 응급실로
실려 갔던 당신은
스무날이 지나도 그 음산한
문 안에서 기약이 없다
까르르 웃음소리
조물조물 맛깔스런 요술손
풀꽃처럼 시퍼런 힘줄이
주사바늘만 보면 숨는다
당신을 바라보면
낙심의 출렁거리는 소리가
온몸을 휘감는다
가끔은 먼나라 방언을 해대는
당신을 만나고 오는 길엔
나는 수백번을 더 주저 앉는다

제 5부

넘어짐에 대하여

돼지

한 번도 하늘을 바라본 적이 없어
한 번도 씻어 본 적이 없어
땅만 바라보며
오직 무엇을 먹을까만
관심을 고정 시키고
꿀꿀 거리는 생애
위를 바라볼 수 없는 고정된 슬픈 목
제 오물 질척한 바닥에서
뱅뱅 돌다 모로 누워
도무지 박차고 나올 줄 모른다
머리에 이고 살아야 할 햇빛
등허리에다 얹고
종일
먹이 투정 음정박자는 시위중이다

더런놈

부디
차안에 성경책이나 모셔 두지 마시오
뒤꽁무니 살짝 건드렸다는 이유로
성결한 배꽃 웃음으로 위장된 속셈
선한 양인 척
봐주는 척
돈이나 뜯어가는
너는 더런놈!

아픈 척
악취가 앓는 역겨운 병상
때쩔은 꾀병에 부글부글 진물이 흐르고
합의금이나 계산하는 너는 더런놈!

썩은 양심에
부상 당한 내 심정
걸레처럼 구겨져.

독도

외곽에 늘 있는 줄만 알았다
눈길 주지 않았어도
그 자리에 있는 줄만 알았다
바람과
괭이갈매기와 놀면서
심심한 줄도 서운한 줄도 모르는 줄 알았다
훔치려는 눈독이 뜨겁게 달궈지고서야
네가 보이기 시작했다

누에

제 입으로 뱉어 놓은 올무에 자기가 갇힌다
뽕잎만 갉아대는 쉴 새 없는 입방아
희디희다고
오만 떨다가
제 입으로 뱉어 놓은 올무에 자기가 갇힌다
온 종일 하는 일이란
등줄기 휘었다 폈다
제 무덤인 올무를 짜는 일

넘어짐에 대하여

빙판을 고인 물인줄 알고
깜박 속아 꽈당
넘어졌다는 그녀

발목 부상
깁스에 절뚝인다

세상 사는 일
속아 넘어지는 일이
거리에만 있을까
구석구석 속임수 투성인것을

그녀가 속아 넘어졌듯이
내 인생 휘청하도록
냉큼 일어서지 못하도록
속아 넘어진 적이 있었지

돌아보면 아직도
얼얼하게 아파오는 상처

아직도 절뚝이는 길

21세기 개미

부엌 한켠 까만 행렬은
도둑처럼 벼랑을 기어올라
암갈색 설탕통에 집을 지었다
동그란 언어들을 꿀밭에 깔아놓고
밤낮 서로를 끌어 당겨
축제에 엉킨 종아리들
흙 묻은 연장 전설로 남겨 놓고
지상의 아파트에 집을 지었다
오뉴월 땡볕에도
기나긴 겨울에도 걱정 없는
초현대식 집을 지었다
흙 한톨 주무르지 않고 집을 지었다

정신차린 국회의원

얼마만큼 더 넘어져야
너처럼 납작 엎드릴 수 있을까
날 세우지 않고
자존심 세우지 않고
휘어지고
넙죽넙죽 구부리고
모서리 조차 허물고

얼마만큼 더 깨져야
너처럼 뼈도 허물허물
구불구불 물처럼
땀방울 몇 개 흘리면서
오직 무릎꿇고 합장하며
장단가락에 엎드릴 수 있을까

졸부

갈매기는 더 이상 일을 하지 않는다
먹잇감 사냥 하지도 않는다
찬물에 발목 담그지도 않는다

선착장 뱃길에
훌라춤 한번이면
새우깡이 뚝딱
파래깡이 뚝딱

비린내 나는 생선 따윈 질려요
몸매 관리 해야지요
골프를 쳐야지요

우아하게 끼룩끼룩
품위있게 끼룩끼룩

이중 얼굴

그녀의 눈은 방울 토마토 처럼
동글동글 연기를 한다
밖에서는 눈가에 나비를 부르며
살랑이는 여린 봄볕
이 시대의 마지막 청순가련
입가에 베실베실
파닥이는 꽃 향기

안에서는 울퉁불퉁 벗은 발
하마 같이 커다란 입
고봉 밥 긁는 소리
아무도 그녀의 이중 얼굴을 모른다

여의도 철새

꽃받침이 되겠다던
그는 서리꽃 가시방석이 되었다

꽃받침이 되겠다던
그는 가위손이 되었다

거추장 스러우면 싹둑싹둑
인연의 끈도 잘라내는
가위손

꽃받침에서 뎅겅 벗어난
꽃잎이 고드름으로 맺혔다

우면산 물난리

우두둑 산에 혈관 터졌다
포크레인 넓은 마당발로
산 하반신을 뜯어 냈다가
살점이 뜯긴 산이 화가 났는지
감당 못할 하혈을 한다
붉은 토사를 토한다
근엄했던 모습
점잖게 가부좌를 틀고 앉았던 자세가
우르르 뭉개지며
집채 위에 드러누웠다
한길까지 내려와
팔다리 뻗고 드러누웠다
제발 건드리지 말라며 드러누웠다

새치1

허락도 없이 내 들판을
몰래몰래
슬그머니
터 잡고 앉았다

좁아터진 구멍속에
자리깔고 앉았으면
염치라도 있어야지
빳빳하게 고개들고
오만의 극치다

처음에는 띄엄띄엄
눈치라도 살피더니
이제는
흑백의 공동소유라고
시위를 한다

새치2

본토박이 밀어내고
당당하게 두 다리 뻗었다
영토 전쟁중이다

섬 마늘

밤낮 바람 잘 날 없었다
이리 뒤척
저리 뒤척
편한 잠잘 날 없었다

마음 놓을 수 없는 변절의 바람
코끝이 얼얼하도록
옆구리 얼얼하도록
비틀어 차이기도 했었다

각이 진 몸매로는
살아 낼 수가 없어
온 몸으로 뿌리를 보듬어
둥글게
둥글게
다듬어진 몸매

만삭의 튼실한 혈관 속에
맵고 진한 향기
양귀비꽃도
백합향기도 부럽지 않아

밤톨

밤톨이 톡 바닥을 치자마자
벌레 녀석
사각사각 구멍을 뚫는다

겉은 멀쩡한데
속안에 횡대와 종대
사차선, 오차선 교차로가 뚫린다

네비게이션도 알아채지 못하는
첨단 터널공사
흔적도 말끔히

밤나무 밑엔
뻥뻥 뚫린 교차로가 즐비하다
무분별한 공사가 한창이다

□ 해설

절제와 성찰의 아름다운 시학

– 김샘나 시인의 시집 『따뜻한 기억』에 부쳐 –

홍 문 표

(평론가 · 시인 · 전 오산대학 총장)

김샘나 시인이 오랜만에 시집 「따뜻한 기억」을 상재하게 되었다. 참으로 반가운 일이다. 반가운 것은 그가 시업에 뛰어 들어 오랜 산고 끝에 시집을 내게 되었다는 사실이고, 이 척박한 시대에 그래도 시를 쓸 수 있는 마음의 여유와 그만한 시적 달란트가 있다는 것에 대한 반가움이다.

시를 쓴다는 것은 참된 존재를 발견하는 일이며 영혼의 자유를 시도하는 진지한 작업이기에 속된 자아를 버려야 하고 일상의 껍질을 벗는 진통이 있어야 한다. 그렇다고 모두가 시인이 되는 것은 아니다. 시인은 존재와 소통할 수 있는 자기만의 언어가 있어야 하고 존재에 대한 남다른 사랑이 있어야한다. 따라서 시인은 남다른 내면의 고통을 감수해야 하고 점지된 달란트에 감사하며 시적 에덴으로 안내하는 예언자가 되어야한다.

그런데 인간의 삶은 한 가지가 아니다. 그것은 시인의 경우도 그렇다. 시인도 자기가 살아온 독특한 경험과 아픔과 기쁨들이 있고 그러한 삶의 기억들이 시력이 되어 과거를 돌아보고 미래를 내다보면서 새로운 시적 세계를 조망하게 되는 것이다. 그러기에 시인들은 저마다 독특한 색깔과 음성으로 시적 언어를 창조하여 마음에 새기게 되고 그러한 언어의 표현을 통해 우리는 새로운 소통을 경험하게 되는 것이다. 그렇다면 김샘나 시인은 이번 시집 「따뜻한 기억」을 통해 어떤 색깔과 목소리를 통하여 우리와 소통하고자 하는 것인가.

우선 시집 제목이 우리의 관심을 끌고 있다. 「따뜻한 기억」이라는 것이다. 따뜻함은 차가움의 반대다. 그리고 기억이란 이미 지나간 과거의 사실에 대한 현재의 의식이다. 인생은 누구나 시간적 존재이기에 과거의 삶이 있고 거기엔 따뜻함과 차가움 또는 슬픔과 기쁨의 삶이 점철되어 있다. 그런데 김시인은 그러한 과거의 삶에서 특별히 따뜻한 기억 따뜻한 과거의 삶을 주목하고 있는 것이다. 그것은 대단히 아름다운 발상이다. 왜냐하면 따뜻한 기억은 현재를 따뜻하게 하고 미래를 따뜻하게 할 수 있는 것이기 때문이다. 많은 사람들이 차가운 기억이나 아픈 기억을 가슴에 담아 두고 넋두리를 하는 경우가 많은데 그것은 계속 부정적인 상처가 되어 현재를 늘 어둡게 할 수 있는 것이다.

그렇다면 김 시인에게서 따뜻한 기억의 아름다운 샘물은 어디서 시작하고 있는 것일까. 그것은 시집 제2부의 「비밀」에서 찾아 볼 수 있다.

외할배 출타 하시는 날
아무도 몰래
마당에 거닐던 암탉
닭털 뽑아
할머니 애간장처럼
푹푹 삭도록 끓였다가
"내 강아지" 입에
뜯어 넣어 주시던 할머니
수십년 지나간 기억이
닭뼈에 걸려 아파오네

– 「비밀」 전문

할머니 극진한 밥상으로
배부르던 누렁이
영정 속의 얼굴 바라보다
이내 기죽은 표정
철퍼덕 턱을 괴고 누웠다
마당에서 낑낑
울음 삼키는 강아지나
방바닥에 구겨져
설움 삼키는 강아지나
슬픔도 하나
강아지란 이름도 하나
가슴 터질 듯 그리움도 하나
마당에서
방에서
흥건히 하나로 젖고 있다

– 「동병상련」 전문

봄이 되면 심으시려
봉숭아, 사루비아 꽃씨
봉투 마다 이름표 달아 놓고
꼬깃꼬깃 남겨 두신 꽃씨

봄은 또박또박 오셨는데
할머니 먼나라 이사 가시고 안계시네

－「씨앗1」 전문

할머니 이별식 끝내고
돌아온 집
척박한 마사토에
떨어져 자리 잡은
선인장 씨앗 하나
제 밥그릇
제 집도 없이
더부살이 하던
쬐끄만 키의 고것이
느닷없이
빨간 꽃을 물고 있다
할머니가 웃으시네
꽃으로 앉아 웃으시네

－「환생」 전문

인용한 시 「비밀」에서 보듯이 그녀의 따뜻한 기억은 「비밀」에서 시작된다. 이 시에서 시적 화자는 외할배가 출타하시던 날 몰래 암탉을 잡아 '내 강아지' 야 하면서 끓여 주시던 외할머니의 지극한 정으로부터 시작한다. 그런데 이 시에서 주목할 것은 “할머니의 애간장처럼/푹푹 삭도록 끓였다가 ” 이다. 왜 애간장으로 푹푹 끓였을까 이번 시집 전편을 보면 아버지나 남편이나 자식 또는 지인에 대한 몇 편의 시가 있기는 하지만 어머니에 대한 시는 없고 외할머니에 대한 시만 「비밀」을 포함하여 「동병상련」 「고목」 「씨앗」 「덫」 「환생」 「빈의자」 등 많은 부분을 차지하고 있다.

이처럼 김시인의 따뜻한 기억에는 외할머니만 있다. 그 이유는 시 「고목2」의 “먼저 간 자식을 묻고/좌절의 풍상에 젖고” 라는 구절에서 확인 된다. 어머니가 먼저 간 것이다. 그러니 김시인에게서 할머니는 바로 어머니가 되는 것이며 할머니는 딸 같은 손녀에게 애간장처럼 푹푹 삭도록 닭을 끓여 먹여야 하는 애절한 이유가 있는 것이다. 그러한 사정을 알기에 시인은 할머니에 대한 수십년 지나간 기억이 닭뼈에 걸려 아파온다고 했을 것이다.

그런데 그처럼 어머니 같은 할머니마저 작고한 것이다. 「동병상련」은 그러한 슬픔의 노래다. “할머니 극진한 밥상으로 배부르던 누렁이/영정 속의 얼굴 바라보다” 할머니가 키우던 실제 누렁이와 ‘내 강아지’로 지칭되던 시적 화자가 모두 극진한 밥상을 상실하게 되는 충격, 그것은 터질 듯한 그리움이며 슬픔이 아닐 수 없는 것이다.

그러나 할머니의 극진한 밥상은 그냥 떠난 것이 아니라 딸 같은 손녀에게 소중한 씨앗을 남기고 가신 것이다. 「씨앗1」에서 봄이 되면 심으려고 할머니는 “봉숭아, 사루비아 꽃씨/봉투 마다 이름표 달아 놓고/꼬깃꼬깃 남겨 두신 꽃씨" 비록 할머니는 가셨지만 손녀에게 따뜻한 사랑의 꽃씨를 남겨 놓고 가신 것이다. 그리고 그 꽃씨가 놀랍게도 손녀의 창가에서 빨간 꽃으로 환생하게 된 것이다. 「환생」을 보자. "할머니 이별식 끝내고/돌아온 집/척박한 마사토에/떨어져 자리 잡은/선인장 씨앗 하나" "쬐끄만 키의 고것이/느닷없이 빨간 꽃을 물고 있다"라고 했다. 시적 화자는 할머니를 보낸 후 창가의 선인장이 오랜만에 꽃이 피는 것을 보고 할머니가 환생한 것임을 직감한다.

그러나 선인장이 오랜만에 꽃이 핀 이 신비로운 환생의 사건은 단지 선인장 꽃만의 이야기가 아니다. 그것은 할머니가 그처럼 극진하게 보살 폈던 손녀에게 심은 따뜻한 사랑의 꽃씨가 이제 어머니가 된 손녀를 통해 피워낸 장하고 대견한 사건에 있는 것이다. 엄마를 잃었던 안쓰러운 손녀는 할머니의 지극한 정성과 사랑의 꽃씨를 받아 오랜 슬픔을 디디고 이제는 자녀들을 잘 키운 어머니가 되었고 훌륭한 시인이 되었기 때문이다. 그러기에 할머니는 이제 하늘에서 웃고 계신다. 아니 창가의 선인장 꽃으로 앉아 웃으시고, 장한 어머니가 된 손녀를 보고 웃으시고, 딸 같은 손녀가 키운 꽃들을 보고 웃으시는 것이다.

김시인이 이번 시집 주제를 따뜻한 기억으로 정한 사연이 이처럼 애절하고 아름다운 것이라면 할머니의 그 지극한 사랑의 기억은 바로 김시인의 삶을 이끌어 가는 내면의 생명력일 것이며, 그것은 그의 시를 형성해 가는 시의 기본 정신이기도 하고, 아련한 그리움의 감성이 될 수도 있는 것이다. 그러나 김시인의 시는 그렇게 감상적인 서정이 아니다. 따뜻한 기억이기에 감상적인 애조를 예상할 수도 있겠지만 그의 시는 엄격한 절제와 진지한 성찰을 통해 독자적인 시학을 구축하고 있는 것이다.

그가 시인으로 분명하게 보이고 있는 시적 상상력은 놀랍게도 엄격한 절제의 미학이다. 그의 절제는 먼저 시의 모든 표면적 구조에서 확인할 수 있다. 그가 쓴 이번 시들 80여편을 보면 모두 15행 내외다. 서양의 소네트가 14행의 간결한 정형시라는 점을 생각하면 김시인의 시도 절제를 생명으로 하는 독특한 미학을 형성하고 있는 것이다.

악세사리로 매달렸던
수식어 다 버리고
생의 엉터리 분배공식
항의시위도 버리고
마음속 잡동사니 다 버리고
외나무다리에 매달렸다
송진같이 진한 피멍자국
들추지 말자 다짐하며
거꾸로 매달린 베드로 심장 하나
달랑 남겨 놓았다

－「마지막 잎새」 전문

줄을 팽팽히 당긴다
허공에다 길을 낸다

휘청 내려앉았다가
투욱 떨어졌다가
다시 올라 앉았다가
추락과 기어오름의 반복
외줄타기로만 지은 집
비단실 보다 더 보드랍게
끊길 듯 끊기지 않는
하늘에다 엮은 집

-「거미집」 전문

바다는 주름살 투성이다
끝없는 주름을
인절미 자르듯
뎅겅뎅겅
주름살 자르기 선수다
잘라도 잘라도
끝이 없는 주름살
깊은 주름 얕은 주름
모조리 자른다
성형수술 선수다

-「파도」 전문

이들 시는 모두 10행을 넘지 않고 있다. 최근의 시들이 산문화 되어 시와 산문의 경계가 모호해 지고 있는데 김시인은 철저히 간결한 형식을 고집하는 것이다. 시는 감정의 자유분방한 발상의 형식이 아니라 엄격한 감정의 절제와 언어의 압축을 통한 미적 형식이다. 그러나 압축의 형식이란 단지 외형의 길이를 짧게 하는 것으로 그치는 것이 아니라 짧은 형식으로 최대의 감동을 유발하는 촌철살인의 형식이라는 점에서 시의 장르적 자존심과 자부심이 있는 것이다. 이러한 시의 본질에 충실하고 있는 것이 김시인의 시다.

「마지막」잎새는 10행의 시다. 「거미집」「파도」도 모두 약속이나 한 듯 10행의 시다. 그런데 이들 시들은 양적으로는 짧지만 시의 질에 있어서는 시적 요소를 적절히 구사한 성공적인 시들이다. 먼저 「마지막 잎새」를 보자. 시인은 마지막 잎새의 시적 형상화를 위해 악세사리, 수식어, 분배공식, 항의 시위, 온갖 잡동사니 다 버리고 외나무다리에 매달린 잎새를 설정하고 있다. 생에 대한 일체의 집념과 연민을 떨쳐버린 실존을 형상화 하고 있는 것이다. 그리고는 그러한 존재자각에서 시적 변신을 시도하는데 그것은 "거꾸로 매달린 베드로 심장 하나" 다. 시는 직설적 설명이 아니라 메타포다. 뛰어 넘음(carrying over)이다. 이 시가 외나무다리에 매달린 아슬한 존재로만 끝난다면 그것은 직설적인 실존이다. 시인은 거기서 한 차원 높여 거꾸로 매달린 베드로 심장으로 뛰어 넘는다. 여기에 김시인의 시적 상상력이 있고 시적 구원이 있다.

「거미집」도 그렇다. 이 시는 거미집의 속성을 집요하게 관찰하는데, 놀라운 것은 거미의 동작들을 반복적으로 설명하지 않는다. 최대한 시어를 절약하여 필요한 만큼만 언어를 배치한다. 행만을 절제하는 것이 아니라 시어의 배열도 최대한 경제성을 추구한다. 그러면서도 시의 생명인 메타포에 충실 한다. "끊길 듯 끊기지 않는 하늘에다 엮은 집" 이 그것이다. '하늘에다 엮은 집' 거미는 땅에다 집을 짓는 것이 아니라 하늘에 집을 짓는 것이다. 여기엔 시인의 신앙적 함의까지 내포하고 있는 것이다. 이는 「파도」에서도 볼 수 있는 기법인데 여기서도 파도를 주름살로 형상화하여 최대한 언어를 절제 하면서도 바다는 '성형수술 선수' 라는 메타포로 마무리한다.

그러나 김시인의 절제는 단지 시행을 간결하게 하고 시어를 경제적으로 절제하고 단일한 메타포를 구사하는 형식적 절제의 미학으로 끝나는 것이 아니라 그 모든 절제가 사실은 시인 자신의 내면적 절제와 하나를 이룬다는 사실에 있다. 시는 단지 언어의 건축이 아니라 자신의 내면을 사물에 투사하는 방식이다. 그렇다면 김시인의 시가 지니는 절제의 형식은 김시인 자신의 내면에 대한 절제라고 해야 하겠다. 그러한 내면의 절제를 철저히 보여 주고 있는 것이 김시인의 시적 태도다.

「마지막 잎새」에서 마음속 잡동사니 불필요한 악세사리 모두 다 버린다 했다. 모두가 소유에 집착하는데 시인은 버리는 일에 철저하다. 움켜쥐기는 쉬워도 버리기는 힘든 것, 거기에 시인의 무서운 절제가 있다. 그러한 절제는 「파도」에서도 그렇다. 파도가 주름살을 잘라낸다는 것은 그가 삶의 주름살을, 삶의 군더더기를 잘라낸다는 말이다. 그리하여 마침내 삶의 구겨진 주름살을 잘라내는 선수가 된다. 그러한 절제는 긴장이 요구된다. 외줄타기 같은 긴장이 아니고는 절제의 내면적 미학은 불가능하기 때문이다. 「거미집」은 바로 그러한 내면의 긴장이 공중에서 줄을 당기는 거미의 외줄타기로 투사된다. 이처럼 엄격한 자기 절제는 작품「오이지」나「세탁」「전지작업」에서도 계속 되는 시적 태도다.

이러한 절제의 삶과 절제의 시학은 늘 자신에 대하여 성찰의 자세를 취하게 된다. 성찰은 자신을 늘 반성하고 살피는 것이지만 이러한 자아의 성찰이 있고서야 사물을 바르게 볼 수 있고, 마침내 절제의 울타리를 벗어나 나를 새롭게 세울 수 있는 계기가 될 수 있기에 그는 끊임 없이 자아에 대한 성찰을 시도하는 것이다.

누군가 내 가슴에
박아 놓은 크고 작은 못들이 빼곡하다

그 중에는 이중삼중으로
촘촘하게 박혀 잘 빠지지
않는 것도 있다

남이 박아 놓은 못들은 선명한데
내가 남에게 박은 못은 보이지 않는다

내 탓은 보이지 않고
네 탓만 보이는 이기의 눈에서
비늘 한겹 벗겨 낸다
울창한 운무 속에서
내가 박은 못들이 빼곡히 모습을 드러낸다

–「못자국」전문

세상과 단절된 시간
미농지 보다 더 얇은 무의식 속으로
깜빡깜빡 헤매는 동안
시끌벅적했던 글자들이
내 머리 속에서 모조리
빠져 나가고 있었다
누군가 내 머릿속 상처투성이
글자들을 삭제로 클릭해 놓았는가
내가 나여서 서럽다가
모래시계처럼 주루룩
다 빠져 나가버린 내가,
내가 아니여서 서럽다
흩어진 모래알 긁어 모으듯
두 팔을 뻗어 남김없이 빠져나간
나를 긁어 모은다 허겁지겁

–「낮잠」 전문

「못자국」은 삶의 과정에서 경험하는 수많은 상처에 대한 성찰이다. 사람들은 남이 준 상처만 기억하는 이기적인 존재다. 자신이 남에게 준 상처를 볼 수 있는 것 그것이 성숙한 삶이고 시인의 삶일 것이다. "울창한 운무 속에서/ 내가 박은 못들이 빼곡히 모습을 드러낸다."를 보면 시인이 얼마나 자기 성찰에 충실하고 있는지를 보게 된다. 그의 성찰에 대한 철저함은 무의식의 저변까지 이른다. 「낮잠」을 보면 무의식의 상처, 무의식의 언어까지 삭제된 상처를 확인하며 내가 나여서 서럽고 내가 아니여서 서럽다는 성찰의 맨 밑바닥에 이른다. 그리고는 이제부터 빠져나간 나를 긁어 모으는 자아회복을 다짐한다.

그리고는 한 걸음 더 나아가 무서우리만큼 자기절제 자기성찰이라는 외줄타기, 외나무다리의 외로운 고행을 충분히 실천해 왔기에 이제는 개인적인 성찰을 확장하여 사회적 자아의 성찰을 요구하는 당당한 언어를 구사하게 된다.

제 입으로 뱉어 놓은 올무에 자기가 갇힌다
뽕잎만 갉아대는 쉴 새 없는 입방아
희디희다고
오만 떨다가
제 입으로 뱉어 놓은 올무에 자기가 갇힌다
온종일 하는 일이란
등줄기 휘었다 폈다
제 무덤인 올무를 짜는 일
-「누에」 전문

우두둑 산에 혈관 터졌다
포크레인 넓은 마당발로
산 하반신을 뜯어 냈다가
살점이 뜯긴 산이 화가 났는지
감당 못할 하혈을 한다
붉은 토사를 토한다
근엄했던 모습
점잖게 가부좌를 틀고 앉았던 자세가
우르르 뭉개지며
집채 위에 드러누웠다

한길까지 내려와
팔다리 뻗고 드러누웠다
제발 건드리지 말라며 드러누웠다

−「우면산 물난리」 전문

밤낮 바람 잘 날 없었다
이리 뒤척
저리 뒤척
편한 잠잘 날 없었다

마음 놓을 수 없는 변절의 바람
코끝이 얼얼하도록
옆구리 얼얼하도록
비틀어 차이기도 했었다

각이 진 몸매로는
살아 낼 수가 없어
온 몸으로 뿌리를 보듬어
둥글게
둥글게
다듬어진 몸매

만삭의 튼실한 혈관 속에
맵고 진한 향기
양귀비꽃도
백합향기도 부럽지 않아

−「섬마늘」 전문

「누에」는 결코 개인적인 성찰만이 아니라 자기절제

가 없는 경박한 세태에 대한 신랄한 비판이고 사회적 자아의 성찰이다. 입방아들의 자승자박을 풍자하고 있는 것이다. 「우면산 물난리」는 무분별한 난개발 도시문명이란 미명이 빚은 신의 분노를 예언처럼 엄숙하게 고발하고 있다. 이렇게 김시인은 이제 외로운 자아의 굴레에서 늘 자기를 부정하고 절제하고 안으로만 삼키던 나약한 감상에서 벗어나 당당히 자신에게 맞서고 세상에 맞서고 있는 것이다. 그것은「섬 마늘」처럼 모진 풍상을 이겨낸 강한 생명력과 엄격한 자기관리를 통해 다져진 자신감일 것이다. "둥글게 둥글게/다듬어진 몸매//만삭의 튼실한 혈관 속에/맵고 진한 향기" 섬 마늘 같은 시인은 이제 양귀비꽃도 백합 향기도 부럽지 않은 마늘처럼 맵고 강한 내공의 향기가 된 것이다.

이처럼 김샘나 시인의 이번 시집「따뜻한 기억」은 단지 유년기의 아련한 회상이 아니라 어머니 같은 할머니의 애틋한 사랑의 씨앗이 오히려 시인의 가슴에서 절제와 성찰의 토양이 되고, 강인한 상상력의 줄기가 되어, 마침내 아름다운 시의 꽃을 피우게 되고, 당당한 어머니의 꽃을 피우게 되는 장한 여인의 생명력, 그 신비로운 승리의 드라마가 되어 우리 앞에 진한 감동으로 다가온다.

김샘나 시집

따·뜻·한·기·억

2013년 3월 21일 인쇄
2013년 3월 21일 발행

지은이 김 샘 나
펴낸이 신 용 호
펴낸곳 창조문학사

서울 서대문구 홍은동 397-26 동천아카데미 5층
등록번호 제1-263호
전화 02-374-9011 / FAX 02-374-5217

공급처: 한국출판협동조합 전화 02-716-5616~9

값 10,000원
ISBN 978-89-7734-344-3